BEI GRIN MACHT SICH IHR WISSEN BEZAHLT

- Wir veröffentlichen Ihre Hausarbeit, Bachelor- und Masterarbeit

- Ihr eigenes eBook und Buch - weltweit in allen wichtigen Shops

- Verdienen Sie an jedem Verkauf

Jetzt bei www.GRIN.com hochladen und kostenlos publizieren

Torsten Hauschild

Aktualisierungsabfragen unter Access

GRIN Verlag

Bibliografische Information der Deutschen Nationalbibliothek:

Die Deutsche Bibliothek verzeichnet diese Publikation in der Deutschen National-
bibliografie; detaillierte bibliografische Daten sind im Internet über http://dnb.d-
nb.de/ abrufbar.

Impressum:

Copyright © 2004 GRIN Verlag GmbH
Druck und Bindung: Books on Demand GmbH, Norderstedt Germany
ISBN: 978-3-656-53149-4

Dieses Buch bei GRIN:

http://www.grin.com/de/e-book/37745/aktualisierungsabfragen-unter-access

GRIN - Your knowledge has value

Der GRIN Verlag publiziert seit 1998 wissenschaftliche Arbeiten von Studenten, Hochschullehrern und anderen Akademikern als eBook und gedrucktes Buch. Die Verlagswebsite www.grin.com ist die ideale Plattform zur Veröffentlichung von Hausarbeiten, Abschlussarbeiten, wissenschaftlichen Aufsätzen, Dissertationen und Fachbüchern.

Besuchen Sie uns im Internet:

http://www.grin.com/

http://www.facebook.com/grincom

http://www.twitter.com/grin_com

Studienseminar Hannover
für das Lehramt an berufsbildenden Schulen

Entwurf zum dritten Unterrichtsbesuch im Fach Informatik

Studienreferendar:	Herr Torsten Hauschild
Hannover Seminargruppe:	63
Fach:	Informatik

Klasse:	Berufsfachschule Informatik (BFI 1)
Schule:	Friedrich-List-Schule Hildesheim (Telefon: 05121 - 171-0)
Wahlpflichtkurs:	Relationale Datenbanksysteme entwerfen, realisieren und nutzen
Unterrichtseinheit:	Abfragen unter Access

Thema der Stunde:

Aktualisierungsabfragen unter Access

Datum:	28.09.2004
Zeit:	12:20 – 13:05 Uhr (6. Stunde)
Raum:	318 (Gebäude 3, 1. Stock)

1. Beschreibung und Analyse des Bedingungsfeldes

<u>1.1 Daten und Analyse der Kompetenzen der Klassen- und Schüler- und Lehrersituation</u>

Bei der Klasse BFI 1 handelt es sich um eine Klasse mit 23 Lernenden (22 Schüler und 1 Schülerin). Sie sind zwischen 16 und 18 Jahren alt. 15 Lernende haben den Sekundarschulabschluss I. 8 Schüler besitzen den erweiterten Sekundarschulabschluss I.

Die **Fachkompetenz** der Lernenden ist mittelmäßig. Im Umgang mit Informationstexten haben viele Schülerinnen und Schüler Schwächen. Praktisches Arbeiten am Rechner liegt den Lernenden mehr. Einige Lernende sind im Umgang mit dem Rechner sogar sehr geschickt. Christoph ist der herausragende Schüler in Access. Durch nachlässiges Arbeiten passieren vielen Lernenden häufig Flüchtigkeitsfehler bei Abfragen.

Nicht ausreichend ist die **Methodenkompetenz** der Klasse. Das Arbeitsverhalten ist zu wenig diszipliniert. Die Lernenden lesen sehr ungern, so dass Hilfen, Informationstexte und Anleitungen zu wenig genutzt werden. Probleme werden von den Lernenden nicht immer systematisch angegangen. Allerdings kommen manche Lernende am Rechner durch intuitives Ausprobieren zu richtigen Lösungen.

Die **Sozialkompetenz** der Klasse ist verbesserungswürdig. Die Umgangsformen innerhalb der Klasse lassen zu wünschen übrig. Manche Lernende setzen sich gegenseitig durch Sprüche herab. Ebenso ist die wechselseitige Hilfsbereitschaft bei Problemen zu gering.

Meine persönlichen Kenntnisse im Bereich Datenbanken entstammen dem Oracle-Umfeld. In diesem Bereich habe ich umfassende Vorkenntnisse. In Access muss ich mich allerdings unterrichtsbegleitend einarbeiten.

<u>1.2 Institutionelle Rahmenbedingungen</u>

Im Unterrichtsraum 318 sind nicht genügend Rechner für jeden Lernenden vorhanden. Daher müssen sich die Schülerinnen und Schüler teilweise zu zweit einen Rechner teilen. Die Computer sind an den Wänden angeordnet. In der Mitte des Raumes befinden sich hufeisenartig angeordnete Tische für theoretischen Unterricht. Der Raum verfügt über einen Beamer, einen Projektor und ein Whiteboard. Die Datenbank ist in der Version MS Access 2000 für die Schüler verfügbar. Die Rechner sind vernetzt. Aufgaben können über ein

Tauschverzeichnis bereitgestellt werden. Das Tauschverzeichnis kann vom Lehrer gesperrt werden.

2. Didaktisch-methodische Konzeption

<u>2.1 Analyse der curricularen Vorgaben</u>

Grundlage für die Planung der Unterrichtseinheit ist die Rahmenrichtlinie für die einjährige Berufsfachschule - Informatik - für Realschulabsolventinnen und Realschulabsolventen (Stand: März 2003). Für den Wahlpflichtkurs „Relationale Datenbanksysteme entwerfen, realisieren und nutzen" sind hier 80 Unterrichtsstunden vorgesehen. Der Hauptschwerpunkt dieses Wahlpflichtkurses (den die BFI-Lernenden der Friedrich-List-Schule belegen müssen) liegt bei relationalen Datenbanken unter Access. Die „Manipulation der Struktur und Inhalte einer Datenbank" ist ein zentraler Lerninhalt dieses Wahlpflichtkurses. Hierzu zählen auch Abfragen im Allgemeinen und Aktualisierungsabfragen im Besonderen.

<u>2.2 Lernziele und Handlungskompetenzen</u>

Stundenlernziel:
Die Lernenden sollen die Vorgehensweise und Durchführung von Aktualisierungsabfragen unter Access verstehen.

Fachkompetenzen:
Die Lernenden sollen...
- ➤ Abfragen unter Access durchführen. (FK 1)
- ➤ den Unterschied zwischen Auswahlabfragen und Aktualisierungsabfragen begreifen (FK 2)
- ➤ die Datenfeldtypen Währung und Zahl unterscheiden (FK 3)
- ➤ den Aufbau und die Systematik einer Datenbank wahrnehmen. (FK 4)
- ➤ den Zeitvorteil von Aktualisierungsabfragen gegenüber manueller Eingabe von Daten erkennen. (FK 5)

Methodenkompetenzen:
Die Lernenden sollen...
- ➤ Transferleistungen unter Access durchführen. (MK 1)
- ➤ die Eingabemasken unter Access bedienen (MK 2)

3

➢ den Standardaufbau von Microsoft-Software überblicken. (MK 3)

Sozialkompetenzen:

Die Lernenden sollen...

➢ ihre Teamfähigkeit durch Partnerarbeit verbessern. (SK 1)

➢ durch gegenseitige Unterstützung Hilfsbereitschaft praktizieren. (SK 2)

3. Geplanter Verlauf der Unterrichtseinheit

Datum	Min.	Unterrichtsinhalte
24.08.04	90	Einführung Datenbanken
31.08.04	90	Anlegen einer Tabelle und Eingeben von Daten
7.09.04	90	Einführung Auswahlabfragen
14.09.04	90	Vertiefung Auswahlabfragen
21.09.04	90	Einführung Aktualisierungsabfragen
28.09.04	90	Vertiefung Aktualisierungsabfragen

4

4. Geplanter Verlauf der Unterrichtsstunde

Zeitverlauf (Min.)	Phasen des Unterrichts	Lernziel	Geplante Aktionen des Lehr- und Lernhandelns	Verwendete Medien
0-10	Einführung		o Lehrer gibt einen Überblick über den Stundenverlauf o Lehrer verteilt Arbeitsblatt	Arbeitsblatt, PC
	Problemanalyse		o Lernende lesen Ausgangssituation vor o Lehrer-Schüler-Gespräch zur Klärung von Verständnisfragen und weiterer Vorgehensweise	
11-60	Problemerabeitung	FK 1, FK 2, FK 3, FK 4, FK 5, MK 1, MK 2, MK 3, SK 1, SK 2	o Lernende führen Arbeitsauftrag zu Aktualisierungsfragen durch o Lehrer gibt den Lernenden Hilfestellung	Arbeitsblatt, PC, MS Access
60-90	Besprechung & Ergebnissicherung	FK 1, FK 2, FK 3, FK 4, FK 5, MK 1, MK 2, MK 3,	o Schülerinnen und Schüler führen ihre erarbeiteten Ergebnisse vor o Lehrer unterstützt Lernende	Projektor, PC, MS Access

5. Anlagen

Aufgabenblatt

Aktualisierungsabfragen

&✍ Ausgangssituation:

Sie sind als DV-Experte bei der Tanzschule Hotschellack angestellt. Zu Ihren Aufgaben gehört auch die Betreuung der Datenbank der Tanzschule. Der geschäftsführende Inhaber der Tanzschule (Herr Hotschellack) beauftragt Sie mit einigen Änderungen in der Datenbank Tanzen2000, die Sie für ihn durch Aktualisierungsabfragen durchführen sollen.

✍ Arbeitsauftrag:

Hinweis: Speichern Sie alle von Ihnen durchgeführten Aktualisierungsabfragen in der Datenbank Tanzen2000!

♦ Die Teilnehmer Svenja und Franz Zingel ziehen innerhalb von Hildesheim um. Sie wohnen nun in der Plötzenstr. 5 und haben 31139 als neue Postleitzahl. Führen Sie die Adressenänderung mit einer Aktualisierungsabfrage durch.

♦ Legen Sie ein neues Feld **GesStden** (der Tabelle Tanzkurs) für die Gesamtstundenzahl an. Füllen Sie das Feld durch eine Aktualisierungsabfrage (AnzStd * AnzAbende).

♦ Der Anfängerkurs für Schüler mit der KursNr 1145 wird von Donnerstag (Do) auf den Tanzabend Montag (Mo) verlegt. Nehmen Sie zu dieser Änderung eine Aktualisierungsabfrage in der Tabelle Tanzkurs vor.

♦ Die Kursgebühren, die im neuen Feld **KursGegStu** (Datenfeldtyp: *Währung*) der Tabelle Tanzkurs erfasst werden, legen Sie nach den unten genannten Tarifen fest. Füllen Sie das neue Feld **KursGegStu** mit Hilfe von Aktualisierungsabfragen.

Adressat	Preis pro Stunde
Schüler	6,00 €
Disko-Fox	12,50 €
Paare	10,00 €
Single	14,00 €

♦ Alle Tanzkurse für Schüler als Adressat bieten ab sofort einen Mittelball (Mball) an (Tabelle Tanzkurs). Setzen Sie Mball für alle Schüler durch eine Aktualisierungsabfrage auf „Ja".

♦ Legen Sie ein neues Feld **GesKursGeb** (der Tabelle Tanzkurs; Datenfeldtyp: *Währung*) für die Gesamt-Kursgebühr an. Füllen und berechnen Sie den Inhalt dieses Feldes mittels einer Aktualisierungsabfrage.

♦ Alle Teilnehmerinnen und Teilnehmer, die bereits Vorkurse (AnzTeiln) besucht haben, sollen für Ihre Treue belohnt werden. Ihnen werden für jeden besuchten Vorkurs 5 € gutgeschrieben. Dieser Treuerabatt soll im neuen Feld **TreueRab** (Datenfeldtyp: *Währung*) der Tabelle Teilnehmer ausgewiesen werden.

♦ Die Anzahl der Abende (AnzAbende) soll bei jedem Kurs mindestens 9 betragen (Tabelle Tanzkurs). Führen Sie hierzu eine Aktualisierungsabfrage durch.

♦ Die Teilnehmerin Violetta Jahnke heiratet und heißt nun Violetta Schmidt. Sie zieht zu ihrem Ehegatten, der im Sykeweg 5 in Hildesheim (Postleitzahl: 31137) wohnt. Nehmen Sie diese Änderungen durch eine Aktualisierungsabfrage vor.

♦ Die Anzahl der Stunden (AnzStd) soll auf mindestens 1,5 bei jedem Kurs erhöht werden (Tabelle Tanzkurs). Nehmen Sie zu dieser Änderung eine Aktualisierungsabfrage vor.

♦ Aufgrund der teilweise veränderten Anzahl der Abende (AnzAbende) und der Anzahl der Stunden (AnzStd) müssen nun auch die Gesamtstundenzahl (GesStden) und die Gesamt-Kursgebühr (GesKursGeb) in der Tabelle Tanzkurs aktualisiert werden. Aktualisieren Sie beide Spalten mit Hilfe von einer Aktualisierungsabfrage.